Les jeunes étoiles

Les jeunes étoiles DE LA NATATION

COLLECTION CRABTREE « LES JEUNES PLANTES »

Taylor Farley

Traduction : Claire Savard

Crabtree Publishing
crabtreebooks.com

J’aime nager.

Je prends des cours de natation toutes les semaines.

On se **pratique** à faire des bulles dans l’eau.

On se pratique à
battre des jambes.

Certains d’entre nous portent des **lunettes de nage**.

Certains d'entre nous portent des **brassards de natation**.

J’utilise une **planche** de natation pour m’aider à nager.

On apprend différents **mouvements des bras**.

Notre instructeur(e) nous aide et s’assure de notre sécurité.

Nager c'est tellement agréable!

Glossaire

brassards de natation (bra-sar de na-ta-tyon) : Les brassards sont remplis d'air et se portent aux bras de la personne qui apprend à nager.

instructeur(e) (ins-truk-teur) : Un(e) instructeur(e) est un(e) professeur(e).

lunettes de nage (lu-net de naj) : Ce sont des lunettes spéciales qui protègent tes yeux.

mouvements des bras (mouv-man de bra) : Ce sont des gestes que font les nageurs avec leurs bras pour avancer dans l'eau.

planche (planch) : C'est une pièce d'équipement qui aide les nageurs à rester à la surface.

pratique (pra-tik) : C'est faire quelque chose encore et encore pour s'améliorer.

Index

Soutien de l'école à la maison pour les gardien(ne)s et les enseignant(e)s.

Ce livre aide les enfants à se développer grâce à la pratique de la lecture. Voici quelques exemples de questions pour aider le(a) lecteur(-trice) à développer ses capacités de compréhension. Des suggestions de réponses sont indiquées.

Avant la lecture

- **Quel est le sujet de ce livre?** Je pense que ce livre parle de la natation. Il pourrait nous dire comment les enfants apprennent à nager.
- **Qu'est-ce que je veux savoir sur ce sujet?** Je veux en savoir plus sur les différentes façons de nager.

Durant la lecture

- **Je me demande pourquoi...** Je me demande pourquoi les enfants se pratiquent à faire des bulles dans l'eau.
- **Qu'est-ce que j'ai appris jusqu'à présent?** J'ai appris que les nageur(-euse)s utilisent différents objets pour les aider à nager, comme des lunettes de nage, des brassards de natation et une planche.

Après la lecture

- **Nomme quelques détails que tu as retenus.** J'ai appris que les nageurs apprennent différents mouvements. Ces mouvements se font avec les bras.
- **Écris les mots peu familiers et pose des questions pour mieux comprendre leur signification.** Je vois le mot *pratique* à la page 6 et le mot *instructeur(e)* à la page 19. Les autres mots de vocabulaire se trouvent aux pages 22 et 23.

Crabtree Publishing

crabtreebooks.com 800-387-7650

Version imprimée du livre produite conjointement avec Blue Door Education en 2021.

Auteur : Taylor Farley
Traduction : Claire Savard
Coordinatrice à l'impression : Candice Campbell

Hardcover 978-1-4271-5035-6
Paperback 978-1-4271-3677-0
Ebook (pdf) 978-1-4271-3745-6
Epub 978-1-4271-5017-2
Read-along 978-1-0398-0409-8
Audio book 978-1-4271-4999-2

Printed in the U.S.A./082025/CP20250814

Publié au Canada par Crabtree Publishing
616 Welland Avenue
St. Catharines, Ontario
L2M 5V6

Publié aux États-Unis par Crabtree Publishing
347 Fifth Avenue
Suite 1402-145
New York, NY 10016

Crédits photos : Toutes les photos © Monkey Business Images - Shutterstock.com, sauf p. 7 © Nic Neish - Shutterstock.com; couverture et p. 11 © Anton Balazh - Shutterstock.com; p. 17 © Radharani - Shutterstock.com; p. 21 © Studio 1One - Shutterstock.com; illustration d'étoiles sur la couverture et dans tout le livre © Casablanka-shutterstock

Catalogage avant publication de Bibliothèque et Archives Canada
Titre: Les jeunes étoiles de la natation / Taylor Farley.
Autres titres: Little stars swimming. Français. | De la natation
Noms: Farley, Taylor, auteur.
Description: Mention de collection: Les jeunes étoiles | Collection Crabtree "Les jeunes plantes" | Traduction de : Little stars swimming. | Traduction : Claire Savard. | Comprend un index.
Identifiants: Canadiana (livre imprimé) 20210164468 | Canadiana (livre numérique) 20210164476 | ISBN 9781427136770 (couverture souple) | ISBN 9781427137456 (HTML) | ISBN 9781427150172 (EPUB)
Vedettes-matière: RVM: Natation—Ouvrages pour la jeunesse.
Classification: LCC GV837.6 .F3714 2021 | CDD j797.2/1—dc23